人前に立つのは苦手だけど

秋山寛貴

角川書店

目次

カバー・本文イラスト　秋山寛貴
装丁　原田郁麻

怪我をするほどコントが好き

ご挨拶《あいさつ》よろしいでしょうか。お笑いトリオ「ハナコ」の秋山寛貴《あきやまひろき》と申します。小学生の頃はスピーチで半泣きになったほど人前に立つのが苦手な僕ですが、なんやかんやで「お笑い芸人」という仕事につき、気づけば芸歴十三年目の三十二歳。顔に心臓があるような男岡部《おかべ》とお笑い無頓着《むとんちゃく》芸人菊田《きくた》を相方に持ち、なんやかんやの初執筆。なんやかんやでこれを目にしてくださったあなた。どうぞお気軽にお付き合いください。

僕は滅多に怪我をしない。というのも、僕は幼い頃から超がつくほどの慎重派で、保育園で高さ二〇センチメートルほどの平均台を渡った時は命綱無しの綱渡りさながらのスピードで進み後続を渋滞させるような子供だった。そんな僕は二十六歳の時、安全第一人生史上最大の怪我をする。

二〇一七年十月、新宿《しんじゅく》シアターモリエールで二日間二公演で行われたハナコ第二回単独公演『タロウ2』。新ネタのコントを八本ほど披露する単独公演は毎回どんなに頑張っても時間が足りずにバタバタするものだ。公演初日の本番前、「つかまえて」というコントのリハーサル中だった。「つかまえて」とは浜辺で制服姿の女子（岡部）と男子（僕）の初々しい学生カップルが追いかけっこをするコントである（菊田は謎の女学生役で後半に現れる）。ネタ終盤に照明が消え、暗闇の中で立ち位置を移動するくだりが何度かあり、その部分の確認をすることになった。

暗転のきっかけとなるセリフを僕が言い、山崎《やまざき》まさよしさんの『One more time, One more chance』が流れ照明が消える。各々立ち位置を素早く移動し明転、また暗転を繰り返す。その途中、移動の動線を誤った僕は暗闇の中、相方の菊田と衝突してしまう。一瞬何が起きたかわからないまま、なんとか所定の位置へ移動し明転。視界が明るくなりまず目に入ったのは足元に点々と垂れた血の雫《しずく》。触ると左眉《ひだりまゆ》の皮膚が切れていた。さほど痛みはなく「全然、大丈夫です」と心配をかけないように振る舞ったが大人達に囲まれ心配された。一方、菊田は僕との身長差のせいで前歯をぶつけており、出血はないものの「つーっ、痛いな。痛い」と息が漏れるようなトーンでしきりに痛みを訴えていた。しかし彼の周りに集まった大人はいなかった。僕は単なる切り傷だと思い絆創膏《ばんそうこう》を貼ってやり過ごすことにした。

すぐに単独ライブの初日が開演。一本目の「結婚式」のコントでは、僕は新郎側の「参列者男性Ａ」的な普通の一般人の役だった。目の上の絆創膏がなにかの伏線だと思われないだろうか、内容に影響しないだろうかとひやひやしながらネタを進めていた。しかし心配していたほどネタのウケにも影響はなさそうでほっとしながら一本目を終える。その後二本三本とコントを続けているうちに、絆創膏が赤く染まってきた。お客さんに気づかれ引かれてはまずいと焦って絆創膏を貼り替える。また何本かコントをするとまた赤く染まり貼り替える。意外と血が止まらないことが気にかかりながらも無事終演。エンディングを終え裏にハケると、舞台監督を務めてくださっていたＫ－ＰＲＯの児島気奈《こじまきな》さんが血が止まらない様子を見て、終演後すぐに病院へ行けるように段取りしてくれていた。そんなに心配しなくてもと思いつつ、言われるがままタクシーへ。「菊田さんも……病院で診てもらいますか？」というマネージャー

ケガをするあたりのシーン

の一応の問いに「はい行きます」と真っ直ぐ答えた菊田も同乗し、夜間救急をやっている病院へと向かった。

到着し、先生にどうされましたかと聞かれてどう説明していいかわからず、モゴモゴと喋《しやべ》った気がするが要するに「歯とぶつかった」と報告。座っていたベンチのような簡易ベッドに横になるように言われ、傷口を見るなり「これは縫いますね」とさらりと診断。

「じゃ縫います」ん？

「麻酔打ちますので」すぐ？

「はい、では行きますね」早。

……滑らかすぎる事の進みに思考を言葉にできないまま、細い「はい」を繰り返すのみの僕。薄い皮膚が引っ張られる感じを覚えながら「縫うって意外と簡単なんだな」「単独ライブ期間中に縫った人今までいたかな」「今日のライブの感想見たいな」「手作りした槍《やり》の小道具、明日持って帰るの面倒だな」などと思いながらぼうっと薄く開けた目で天井を見ていた。

パーテーションを挟んで隣の患者と先生の声が聞こえてくる。

「ちょっと歯をぶつけてしまって」

菊田だった。

「折れましたか?」

「折れてないです」

「折れてはない」

「折れてないですけど、昔、別の歯の神経が死ぬほどの怪我したことあって、その時くらい痛いです」

「……どう痛いですか?」

「うーん、こうズーンと痛いですね」

「……見たところ問題ないですね」

「……」

「一応、レントゲン撮りま――」

「お願いします」

気まずさがパーテーションをすり抜け漂っていた。先生は完全に「なんで来た?」という間の会話だった。

「五針縫いましたので、一週間後にお近くの病院で抜糸をお願いします」

あっという間に僕の処置は完了。若手にゃ痛手の突然の出費一万円ほどを震える手で支払い、牛丼なら何杯食べられたのかを計算しながら帰路についた。翌日、無事血の止まった状態で、しかし絆創膏は貼って、二日目の公演を事故なく終えた。菊田はレントゲンの結果も「異常なし」だったそうで、歯を痛がっていた菊田とは別の菊田のように元気に過ごしていた。

顔に傷を残すこととなったコント「つかまえて」。このコントで翌年の二〇一八年、『キングオブコント』で優勝し、賞金一千万円とその先の様々な仕事のオファーという大きな見返りを得ることとなる。汗と水だけではなく血も流したおかげか。未だに傷の形に欠けてしまっている左眉も悪い気はしない。これからもこの傷とともにこのコントにもらった恩恵を忘れずにいたい。一週間後の抜糸は三八〇円、牛丼一杯分だった。

正直に「はい」と名乗り出た

図工の時間が好きだった。絵を描くのも、工作するのも楽しく、周りに褒めてもらえて得意だという自負もあった。高校受験の時、自分は美術の道へ進むんだと「美術工芸コース」のあった岡山県立総社南《そうじやみなみ》高校を進路に選択。デッサンなど絵の道を進んでるぜ感満載の受験を経て、無事合格し入学した。

そこで待ち受けるは、まぁなんともベタな展開「全員自分より上手《うま》い」だった。絵を描けばちやほやされていた小中学生時代とは一転、人生で経験したことのない焦りを感じた。

美術工芸コースの同級生に男子は僕を含めて四人。先輩も二年生に一人、三年生に一人と男子の割合が少なかった。僕の「自分には才能がなく美術は向いていないのでは」という不安を軽くしてくれたのは、その同級生四人の男子のうちの一人、最初に仲良くなった田中《たなか》だった。

田中は体は厚く、眉毛《まゆげ》は太く、泥まみれが似合うような快活な男で、美術部だけではなくサッカー部も兼部するという美術好きには珍しいほどスポーティーなやつだった。しかもポジションはキーパー。絵を描くキーパーだった。そんな田中の絵はお世辞にも上手とはいえなかった。彼のタッチは良くいえばパブロ・ピカソ、悪くいえば酔っ払いに無理やり描かせた、気を遣っていえばかしこいゾウが描いたようなものだった。しかし彼からは悔しさは見えても焦りは見えず、その姿勢に僕は救われた。僕たちは学びに来たのだ。はなから上手くなくていい。悔しさはあれど少しは焦りが軽くなった。田中はかっこいい男である。

他の生徒たちも個性派揃い。嬉《うれ》しかったのは「美術に興味がある」という同志に囲まれたこと。その環境で美術を学べることは非常に恵まれていた。

美術工芸コースのカリキュラムには、夏頃に大山《おおやま》合宿という一泊二日の合宿がある。その合宿では全員が油画《あぶらえ》を描く。生徒たちは作業着であるつなぎを着て、キャンバスとイーゼルを抱え大自然へと散り散りに消えていく。二日間の最後には一箇所に描いた絵を持ち寄り先生による講評を受け終了、といったものである。

初日。先生からの説明を聞き終えると各々場所を探し始める。僕も自然の中を歩き回り、お気に入りの場所を見つけイーゼルをたてる。まずは下書き、木炭で真っ白のキャンバスに下書きをしていく。はっきりと線を書くのではなくあたりをつけるように。さっさっさっ、と木炭を這《は》わせて絵の構図を決める。下書きが終わるとパレットに油絵の具を出しいよいよ本番。よく見て、感じて、考えて、描いていく。

デッサンで学んだことは面白い。入学して間もない頃、授業でりんごのデッサンがあった。その時に「りんごは赤い」という先入観について教わった。りんごを描けと言われるとほとんどの人が赤で色を塗ると思う。簡易的に描けというなら問題はないだろうが事実とは異なることを知っておかなければならない。ちゃんとりんごを見れば、黄色いところや黒いところ、茶色や緑やグレーなどいろんな色が見えてくる。形もそうで、丸いと思っていたものは本当に丸いか？　四角いと思っていたものはどのくらい四角いか？　疑いながら「ちゃんと見る」ということは絵の描き方に限らず面白い教えだった。コントのネタの拾い方にも似たような点があるかもしれない。

正直に「はい」と名乗り出た

絵を描いているとあっという間に時間が過ぎる。二日目を終え集合の合図がかかる。自分なりに今できるまぁまぁな出来だと思った。キャンバスを担いで集合場所へ向かう。二列になるよう上と下に絵が置かれたイーゼルがずらりと並ぶ。三十枚ほどのキャンバスには同じ山で描かれた様々な情景があった。

並べて初めてわかる。僕の絵は圧倒的に薄かった。うっっっっすかった。恥ずかしい。そんな気はなかった。三十枚ほどの絵を見た時の最初の感想が「てか一枚薄くね?」と全員が思っているであろうほど僕の絵は薄かった。一人で描いていてはわからないことがある。自分の作品の出来を「客観視することの難しさ」。これもまた美術に限らず役にたつ学びであった。あの薄い絵が誰の絵か、ぞろぞろと絵をみんなで並べただけの時点ではまだバレていない。ここから先生が「この絵は?」と聞き、名乗り出て講評を受けるという流れが始まる。端からスタートして、自分の絵は真ん中あたり。その位置もまた絶妙に嫌なものだった。

本来聞いて学ぶべき他の絵の講評もさほど耳には入らず、ゆっくりと自分の番が近づいてきた。先生が僕の絵の隣に立ち、そのへんで拾ったであろうちょうどいい長さの枝で僕の絵を指す。

「この絵は？」「……」

黙ったところで絵は濃くならず、仕方なかった。

「はい」

正直に名乗り出た。

先生は表情一つ変えず僕の絵をしばらく見つめたあと、言った。

「今まで見てきた油画で一番薄いな」

三十枚の絵の中どころか卒業生をごぼう抜きにする薄さだった。

「これは……完成？」

先生の少し戸惑った様子の質問に、

「いや、実は陽の光が大変気持ち良くてですね。下書きが終わったあたりで原っぱに寝そべりぐっすり眠ってしまっておりました」

なんて言い訳も出ず、これまた薄い「はい」を返した。

本来油画の醍醐味《だいごみ》は色を重ねていくことにある。色の上に色を。人によっては一見出来上がったような状態から全てを色で塗りつぶし、さらにその上から絵を描いたりもする。時にナイフで削り下地の色を出したり、筆ではなくナイフでベタッと色をのせたり。僕のナイフはピカピカなままだった。みんな油画の経験が浅いなりに冒険をしていたのである。慎重すぎる僕は全く冒険ができていなかった。絵には性格が出ると思い知らされた。

慎重さだけではない。油絵の具は安くなく、大量に使うということは大量に買うということ。高校時代の僕の道具代は全て両親が出してくれていた。絵の具のチューブを絞るたび、親の顔が浮かんだのである。遠慮しいすぎる。間違っても心優しいという話ではない。親を頼るなら頼る、頼らないなら頼らない。なんとも中途半端な遠慮と節約精神で大胆に絵の具を使えない小童《こわっぱ》なのであった。

大自然の中で二日間かけ、存分に性格の詰まった一枚を描き上げてしまった。講評の終わる時間までも耐えられず風で吹き消されてしまいそうな絵を。田中の絵は下手でめっちゃ濃かった。

あの日イオンから逃げなくてよかった

物心ついたころにはお笑いが好きだった。父も母もテレビが好きでよく見ていたし、その中でバラエティ番組が占める割合も多かった。

当時小学生の僕が特にハマっていたのは『ミスター・ビーン』と『笑う犬の生活』だった。『ミスター・ビーン』は父親が深夜のテレビ放送を録画したVHSがあり、それを何度も繰り返し見たり友達を呼んで見せたりしていた。『笑う犬の生活』は毎週の放送が楽しみで仕方なく、よくマネしておちょけていた。四つ下の弟と二人で「生きてるって何だろ、生きてるってな〜に」と口ずさんだテリーとドリー。内村《うちむら》さんとホリケンさんによるパタヤビーチの決めフレーズ「あいあいあいあいあいあい百円」。泰造《たいぞう》さんのセンターマン。歌って踊ったはっぱ隊。ホームビデオには小須田《こすだ》部長のようにメガネと耳当てをした僕ら家族四人が食卓を囲み普段通りの食事をするというシュールな映像も残っている。誰がなんと言い出してそうなったかは覚えていない。それ以外にも夕方放送していた新喜劇や『エンタの神様』を見たり。『M−1グランプリ』はテレビの前で正座をして待ち構えるほどだった。

高校一年生になったころ、幼馴染《おさななじみ》で仲の良かったじゅんじ（通称じゅん）に〝M－1甲子園〟に誘われる。当時開催されていた高校生版のM－1グランプリである。自分がお客さんの前に立ち、ネタをやるだなんて恐ろしいことは考えたこともなかった。しかしM－1マジックで憧《あこが》れも強まっていたし、何よりあのじゅんからの誘いだった。じゅんといえば小学生のころから身の回りで一番面白い人だと思っていたし、僕が家で話すジョーク（ジョークといっても主にダジャレ）はほとんどじゅんの受け売りだった。涙を流しながら笑って読んだ『世紀末リーダー伝たけし！』を教えてくれたのもじゅんだ。じゅんとなら漫才ができる気がした。笑いがとれる気がした。うちに集まりノートを開き、じゅんの案を聞きながら、初めてのネタ作りや立ち稽古《げいこ》を見よう見まねでやっていった。

二〇〇七年夏。倉敷《くらしき》にあるイオンのイベントホールで行われたM－1甲子園の中・四国予選。お客さんの数は五十席ほど並べられたパイプ椅子がまばらに埋まる程度。MCはレギュラーさん。初めて近い距離で見る芸人さんに興奮する。家族も応援で会場に。出場する十組ほどが出番順に舞台袖《そで》に並ぶ。予選が始まる。レギュラーさんのMCで盛り上がる客席。その後一組目のコンビが舞台へと飛び出していった。高校生とは思えないほど流暢《りゅうちょう》に漫才をする組もいれば、緊張のあまりセリフが飛んでネタをやりきれないコンビもいる。当然である。誰一人プロではない。

そんな状況の中、出番の迫る僕は人生ベストレコードの後悔をしている真《ま》っ只中《ただなか》だった。いざ始まると、その場所は怖くて怖くてしょうがなかった。「来るんじゃなかった」「少しでもできる気がした自分が馬鹿だった」「走って逃げ出したい」「絶対今足速い」。そんな思いを相方であるじゅんに伝えることはできずガタガタ震えていた。じゅんも僕ほどではないだろうが緊張で口数が少なかったように思う。出番がくる。始まってしまう。

「はいどーもー」

簡易的に組まれたステージに上がりセンターマイクへ向かう。お客さんが全員こちらを見ている。面白いものを見たいたくさんの目が刺さった。

ほとんど記憶がない。ネタも飛んだりつぎはぎだったりしたと思う。当然入賞などはできず大会を終え、見ていた父に感想を伝えられる。

「聞こえんかったで」

聞こえてなかった。初舞台はウケるスベる以前に弱気なあまり声が小さすぎて聞こえてなかった。

「そっか……」

「特にひろ（僕）の声が聞こえんかったで」

僕たちの漫才体験はあっけなく終わった。

じゅんとは別々の高校に通っていた。高校二年生になってまた夏が来て一応確認したが、じゅんはゴリゴリ強豪のボート部に所属していたためもう漫才をやる時間はなさそうで出場はやめておこうという話になった。強すぎるボート部にいることも面白かった。

まだ、未練があった。前回はネタを見せたレベルですらない。せめてネタをちゃんとお客さんに届けてウケるスベるを体験したかった。

同じクラスのひかるに事情を話してみたところ、コンビを組んで出てくれることになった。ひかるはユニークだしノリもよく明るくとてもいいやつだった。よくこんな弱気な僕の誘いを受けてくれたなと今でも思う。僕がネタを書きひかると練習した。教室で友達に見てもらったり、前回よりも準備ができている感覚があった。その年の中・四国予選は香川にあるイオンが会場で、うちの父が車で連れて行ってくれる予定だった。

大会の二日前、父方のおばあちゃんが亡くなった。大好きなおばあちゃんだった。入院して闘病していたが容態が悪化し亡くなってしまった。知らせがあった朝、病室に眠るおばあちゃんの横でわんわん泣いた。もっと時間があると思っていたこともあり、あまり顔を合わせられていない時期だった。後悔した。両親の前で泣くのは久しぶりな気がした。おとなしい僕を可愛がってくれていたおばあちゃんは「ひろくんがこんなことするたあ思わんかった」と去年の漫才を驚き喜んでくれていた。おばあちゃんもまたお笑いを見るのがとても好きだった。

お通夜とお葬式の準備が進む中、ふと、

「香川は行くじゃろ？」

と父は言った。当然今はそれどころではないと勝手に諦《あきら》めていた二度目の漫才体験。父は予選当日、予定通り僕とひかるを車に乗せ、香川のイオンまで運転してくれた。

結果は敗退。デートの設定の漫才だった気がする。ネタもやりきれた。ただ声を聞かせたいという前回の反省を意識しすぎた結果、ＭＣだったつばさ・きよしさんに、

「君らヒットアンドアウェイみたいな漫才やったね」

と評された。父が撮っていた本番中の動画を見ると、喋《しゃべ》る番がきた方が無意識にセンターマイクへ体を近づけており、振り子が二つ並んでいるような漫才をしていた。新たな恥をかいた。しかしぎこちないもののお客さんの反応は昨年よりあったのがわかった。おばあちゃんが見たら笑ってくれただろうか。

さらに翌年、高校三年生になった夏。僕とひかるは同じコンビでまた

漫才をする。大会はリニューアルされ〝ハイスクールマンザイ〟と名を変えていた。恒例の父の送迎で鳥取県へ。MCのチーモンチョーチュウさん目当てのお客さんだろうか、客席は賑《にぎ》わっていた。ネタの設定は桃太郎。最後の挑戦。倉敷の時のような緊張はなかった。

結果は優勝だった。中・四国予選とはいえ、会場は何箇所かあるため小規模な大会である。でも僕にとって、何かで競ってもらえた初めての〝優勝〟だった。

その後の高校三年生の冬、まだお笑いの道に進むか迷っていた僕はネットで見かけたワタナベコメディスクールの「高校生オーディション」を社会見学のつもりで受験。その内定をもらっていたため、高校卒業間近にようやく進路をお笑い芸人に決めたが、春の入学に間に合った。

養成所在学中に菊田とコンビを組み、その後芸歴4年目あたりで岡部が加わりハナコに。『キングオブコント』優勝や、憧れの人たちとの共演、イオンから逃げ出したかったころには予想だにしなかったことの連続である。

ヒットアンドアウェイ漫才

未《いま》だに自信はない。でもおばあちゃんにはまた「ひろくんがこんなことするたあ思わんかった」と驚き喜んで欲しい。そんな活躍を目指して、僕は頑張りたい。

築地市場に育てられた

テレビ出演はほとんどなく、ライブ三昧《ざんまい》だった二〇一六年ごろから『キングオブコント』優勝までの約二年間、築地市場《つきじ》でアルバイトをしていた。築地市場内には魚屋以外にもたくさんの店がある。八百屋やお茶屋や乾物屋。場内で働く人や観光客が利用する飲食店も、寿司《すし》屋やら定食屋やら様々な店が存在していた。牛丼チェーン吉野家の一号店もあった。

もともと若手芸人が数人働いており、どこぞの店が人手が足りないとなると紹介でまた別の芸人がやってくるという流れがあった。先に築地の八百屋さんで働いていた岡部の紹介で、僕は八百屋さんの三軒隣の塩屋さんで働くことになる。この塩屋さん、そして築地市場はたくさんの恩を頂いた場所である。

初めての出勤日。二月の寒い日だったような気がする。朝六時前に見た築地市場の衝撃は今でも忘れられない。まだ暗い空。横切るカモメ。魚や潮の匂い。まだ早朝なのに感じる活気。ガタガタと音を立てながら行き交うターレー。それにぶつからないように歩き回るたくさんの人々。荷物を抱えた仕入れにきたであろう職人。仕入れ客を相手にする威勢のいい接客の声。でっかい氷を作る工場が視界に入ってきたり、カチンコチンに固まった大きなマグロが台車で運ばれていたり。異国に来たような別世界だった。

塩屋さんに行き挨拶《あいさつ》を済ませ、岡部がお世話になっている八百屋さんにも顔を出すと、僕を目にした女将《おかみ》さんが、

「でかっ」

と言った。身長一六三センチ。初めて言われた。岡部が相方の僕のことを説明する時、「とにかく小さいやつ」と大袈裟《おおげさ》に話していたせいだった。

塩屋さんでの僕の最初のポジションは帳場。帳場と配達とがあるうち、帳場が不足してのバイト募集だった。帳場は店頭にいてお金のやり取りをし、受けた注文を管理し配達担当のバイトに指示を出す役割だ。注文を管理したり、段取り良く配達の順番を組んだりするのは得意だった。こういう作業が好きなのはプレイステーションのゲームソフト『俺の料理』にハマっていたおかげである。

ただ初めのうちは帳場に苦戦した。それはお客さんが注文に慣れすぎ

ているからである。利用者のほとんどが仕入れで来ている常連のため、名前や品物を細かく伝えてくれない。他のスタッフが配達などで離れ、僕一人の店番中なんかはよく困った。

　店の前にひょこりとおじさんが顔を出し、

「あいっおはよー。塩を今日は三。お願いねー」

　と声をかけ消える。

　刹那《せつな》の出来事。ちょっと待ってくれ。あんたは誰でいつどこにどの塩を持っていけばいいのか。急いでおじさんを追いかけ聞き直す、ということが頻繁にあった。向こうは向こうでなぜ見慣れない顔の不安そうな僕にいつも通り伝えられるのだろうか（たまに、見ない顔だねと丁寧に注文してくれるお客さんもいたが大半は刹那注文だった。それも市場の性格を表していて面白かった）。

　追いかけて詳しく聞き直せた場合はいいが、同時に話しかけられたり（平気で同時に話しかけてくる）バタバタしていたりする時は聞き直せない場合がある。そんな時はさぁ大変。誰かがわからないと配達先もわからなければ料金をつけておくこともできない。

店に戻ってきた先輩スタッフに、

「どんな人だった？」

と特徴を聞かれる。必死に記憶をたどる。推理が始まる。

「えーと……短髪の白髪まじりのおじさんで……」

おじさんばかりだから慣れないうちは見分けるのも難しい。

「背高い？」

「いや、普通で細身の……」

「頭にタオル巻いてる？」

「巻いてなかったです」

「ドラえもんのヘルメット被《かぶ》ってた？」

「誰ですかそれ」

見た目で特定できそうにない時は焦る。自分のミスに申し訳なくなってくる。

「何注文した？」

「食塩一袋と上白糖二パックです」

「わかった、多分○○さんだ！」

注文の品の特徴で判明することがよくあった。

「出してくる！」

「ありがとうございます!!」

品物を積み颯爽《さっそう》とジャイロバイクに乗って消える先輩の姿がかっこよかった。

慣れていけばどんどんと繋《つな》がってくる。顔、名前、よく頼む品物、時間帯、曜日、配達先。注文を聞く前にいつものですねと準備を進めると常連さんがニコッと喜んでくれて嬉《うれ》しかった。

バイト中にはお笑いの反省をすることもあった。愉快な人々がたくさんの築地市場。その中には「おやじギャグ」が大好きなおじさんがいた。注文の際にダジャレで注文してくるのだ（元気もめちゃくちゃいい）。

「おはよー!!」

「おはようございます！（き、きた！）」

お客さんの特徴を
思い出す....

「瓶の醤油《しょうゆ》ジャパン!!」

「!?」

「醤油をジャパンちょーだい!!」

「えっと……」

「日本だよ日本!!」

「ああ！　はは……！　二本ですね！（普通に言ってくれ）」

「あとロクオントウ!!」

「えっと、すいません……」

「六温糖!!」

「あっ、三温糖二つ……」

「そう!!」

「ははっ！（普通に言ってくれ）」

この自分の返しが非常に情けなかった。情けなくて先輩スタッフの芸人たちに相談したこともある。みんなで悩んだ。

ツッコんだりノってみたりとお笑い的な返しもあるが、笑いをとるためではなく普通に、円滑に、言ってきた相手と気分良く会話が弾む正しい返しはなんなんだろうとも思った。

塩屋さんに長年勤務していて築地のお客さんたちにも顔が広い足立《あだち》さんと一緒に店番をしていた時、

「おはよー!!」

悩みの種が元気にやってきた。これは勉強のチャンス。多くの市場の方々にも好かれる話術を持っている足立さんがどう対応しているのか、僕は聞き逃すまいと集中した。

悩種「おっ!!　足立くん!」

足立「お疲れ様ですー、なんでしょう」

悩種「支払い!!」

足立「はいはい、ちょっと待ってくださいねー。っと……一六八〇円です」

悩種「はい!　じゃ、二千万円!!!」

足立「あはは……またまた~」

またまた～って言った。足立さんでも困り丸出しトーンでまたまた～って言ってた。

悩種「ありがとねー!!」

足立「ありがとうございましたー!!」

お客さんを送り出したあと、足立さんはちょっと元気がなくなってた。奢《おご》ってくれた温かいコーヒーを飲みながら二人でゆっくり話し合った。

築地の人たちはみんな働く姿がかっこよかった。たくさんの人情に触れ、人としても育てられ、お笑い芸人としても何度も背中を押してもらった。築地の人たちの応援という手の平の温《ぬく》もりは、今もまだ背中に残っている。

市場の豊洲《とよす》への移転に伴い、その場所は今は無くなってしまった。けれどまた何か悩むことがあったらあそこへ戻り、仲間たちに相談したい。仕事や家族の悩みとか、エアコンから出る風が臭いとか、冷たいもの食べると歯が痛いとか……。

子はそうあって欲しくない

息子が歩くようになった。一歳三ヶ月、つかまり立ちからなかなか手を離すことを覚えず、石橋を叩《たた》いて渡るタイプの僕の遺伝子の片鱗《へんりん》を見せていた。妻は歩き出す時期を検索しては心配していたが、少しコツを摑《つか》むとみるみるうちに歩き出し、ついこの間の外出では小さなクツを履き、向かいたい方向に楽しそうに歩く姿を見ることができて感動した。

僕は「子育て」についてあまりにも知らないことが多すぎる。世界中の「親」たちへの見方が変わる。こんなにも大変なことをしていたのかと。軽んじていたつもりはないが想像できていなかったことを知ると、もっともっときついと世間に言っていいと感じる。それならもっともっと周りも助けやすくなると。こんな苦労のある育児をさも当然かのように成してしまうのは武士すぎる。妊娠期間と一年と少しの子育てのまだまだ未熟な経験からそう思う。

驚いたことのひとつは「つわりの個人差」だった。いつから持っていたイメージだろうか。ドラマや映画なんかではつわりで妊娠に気づき、どんどんお腹が大きくなって、周りの人たちの気遣いを受けながらも、

「平気平気、生まれてくるこの子のためにも頑張んなきゃね！」

などと言って元気に過ごす……みたいなシーンをよく見ていた気がする。中身がごっそり抜けている。当事者になるまで僕はその中身を知ることがないまま過ごしていた。一例として我が家のつわり体験を聞いて頂きたい。

妻のつわりは重かった。つわりが落ち着いてくるとされている妊娠十二週ごろには体重が八キロも落ちていたほどだった。吐いても吐いても気持ちが悪いようで、立てば吐くから寝たまま身動きが取れないという状況だった。嗅覚《きゅうかく》も敏感になっており、僕が持ち帰るにおいにいつも苦しんでいた。部屋の換気も風のにおいが気持ち悪いためできなかったり、体調が良く動ける日にコンビニなんかへ行っても、一歩でも入るとにおいに耐え切れず、すぐに外へ出たりと苦労が多かった。食事することもままならない寝たきりの生活や、妊娠によるホルモンの影響などでネガティブな思考になりがちなことも辛《つら》かった。

つわりの症状は様々だったが僕が少ないながらも対処できたのは、

「たまごクラブ」の付録であるパパブックを妻が事前に読ませてくれていたおかげである。妻は自分でも予測のできない体の変化に時折、

「ごめんね……」

と謝ることがあった。そんな時は大抵、

「大丈夫、パパブックに書いてあった」

と答えていた。なんでもそう答えると妻は笑っていた。

「たまごクラブ」さんありがとう。

不思議だったことは、つわり中は食べられるものが日々変わること。噂には聞いていたが本当だった。サンドイッチが食べられたかと思えば、枝豆だけ食べられる日、パピコのいちごだけ食べられる日、と規則性なく変わっていく。なにより難しいのは、いけたものが極端に無理になる場合があること。海苔《のり》がいける日があったかと思うと、数日後には海苔の容器が目に入るだけで吐き気がしてしまうことがあった。海苔から目を逸《そ》らし、

「それ……どこか隠して」

ワタシです…
ワタシを買うのです…
高菜チャーハン
レンジOK

と言うほどだった。本人も法則がわからず混乱していた。

食べられそうなものをＬＩＮＥしてもらって仕事帰りに買って帰ることが多かったが、ＬＩＮＥがない日もあった。そんな時頼れるのは己の読みのみである。スーパーに入りカゴを持ち、精神を落ち着かせながら店内を回る。あれは終わった、これは終わった、すでにブームの去った食材たちが目に入る。その日ピンときたのは冷凍の高菜チャーハン。理由はない。声がした。帰って食べさせる。本人も一口目を食べるまでわからないが食べてみて「いける！」と言われた時は嬉《うれ》しかった。不思議なもので何度か当てられることがあった（全然ダメな時もある）。

福岡にいる妻の母から冷凍で手料理が届いたことがあった。ミートソースとドライカレー。日々の予想屋となっている僕からしたら、

「今食べるのはさすがに無理っしょ」

というものだったが、恐る恐る妻は口に入れると、

「食べられる……！」

と涙していた。母の味すごい。久々に本格的な料理が食べられてい

た。僕も涙が出た。美味《おい》しい美味しいと二人で食べた。

症状が一番ひどい時は水も飲めなくなった。脱水症状の危険性があったり、病院で診てもらったりと不安な日々を過ごしていた。そんな時期も一貫して食べられたものが一つだけあった。ガリガリ君ソーダ味である。命を救われたといっても過言ではない。毬栗《いがぐり》頭の少年が恩人である。好きなゲームを買ってあげたい。

初めての出産も不安ばかりだった。お昼に陣痛が始まり、産院へ向かった妻のもとへ収録を終え合流できたのは夜中零時ごろだった。十時間以上の陣痛をへて、赤ちゃんの心拍が落ちてきてしまい緊急帝王切開。一人きりで待っていた手術中、もしかしたらを想像した時の恐怖は忘れられない。母子共に健康でいることは奇跡に思う。妻、先生方、協力して下さった全ての方々に感謝したい。そして産後休む間もなく始まる育児。

息子は元気に成長してくれている。どんな子になるだろうか。人前に立つのが苦手でスピーチで半泣きにならないだろうか。人に優しくあって欲しいし、理想はあげたらキリがないだろうが理想通りでなくてもいい。もう少し大きくなったら、夏場に家族でガリガリ君を食べたい。

潜むのは得意かもしれない

番組収録中、隣に座っていた蛙亭《かえるてい》のイワクラから「ソンザイ」の「ソン」はどういう字だったかを尋ねられた。僕は自分の持っていたフリップの隅に「存」と書きイワクラに見せた。それを見たイワクラは顔をしかめて、

「……ほんとですか？」

と言った。「あーそれだ」以外の返しを予期してなかった僕は少し固まった後、「ソンザイって、あるって意味のだよね？」と確認し、そうだと言うのでこれであってると念押しした。それでも納得しきっていない様子でお礼を言われた。収録後、僕はなぜ教えた漢字を信用しなかったのかイワクラに尋ねた。

「すみません、教えてくれてる秋山さんの顔が赤ちゃんすぎたので」

なんだその理由は。信頼度に欠けたらしい。こんな顔のやつが漢字を知っているわけがないと。百歩譲って僕の顔が赤ちゃんだったとしても聞いたのなら信頼してくれよ、と思った。

童顔だと言われることが多い。童顔なのは自覚しているが、どうやら

顔だけではない。シルエットや雰囲気なども幼く見えるのかもしれない。そう思わされるほど幼く見られる機会が多い。

ハナコでＮＨＫのネタ番組のオーディションに行った際、そのネタ番組の受付と『天才てれびくん』の受付が隣り合わせていたことがあった。僕らは当然ネタ番組の受付へ向かって近づいたが、『天才てれびくん』の受付のスタッフさんが僕を見て腰を浮かしていた。「あ、当番組へ出演する子が来たわ」と、僕に対応しかけていた。でも僕はてれび戦士ではない。ピーマンの美味しさだってわかる、大人だ。

一時期ＶＲ ＺＯＮＥというアミューズメント施設が新宿にあった。そのオープン当時、近くの会場でのライブ終わりに芸人数人で覗《のぞ》きに行ったことがあった。人も多く盛り上がっている様子で、僕は入場料などが気になり受付の近くまでひとり近づいていった。すると大学生くらいの男の子が突然「入るの？」と声をかけてきた。驚いた僕はあしらう程度の「まぁ」を返した。するとその男の子は「余ったから使って」と使いかけのアトラクションチケットを僕に渡し、去っていった。子供に優しい青年だった。そんな青年に僕は優しくされた。でも僕は遊びたいけどお小遣いが足りず困っていた子供ではない。領収書だってたくさん保管してある、大人だ。

中野《なかの》で一人暮らしをしていた頃、家のすぐ近くにゲームセンターがあった。バイトからの帰り道の夜、ふらりとそこに寄りメダルゲームをしていた。すると店員に「一人ですか？　身分証明できるものありますか？」と言われた。子供は一人でゲームセンターにいてはいけない時間だった。恥ずかしくなった僕は、身分を証明した後すぐに帰るのも目立つので程よくゲームを続けてからそそくさと去った。夏場で半袖《はんそで》短パンだったせいもあってか完全に少年扱いだった。でも僕は家に帰りたくなくてゲームセンターにいる子供ではない。運転免許を取得していないため身分証明用にちゃんと住基カードを持っていた、大人だ。

桜の前で写真を撮ってもらってる僕を見た人が「卒業式じゃん」と言った。門出の期待と不安がこもった表情で立つ子供ではない。因数分解のやり方は綺麗《きれい》さっぱり忘れてしまっている、大人だ。

免許をもっていなかった頃
住民基本台帳カード
中野区
20XX年△月△日
平成3年9月20日 男
秋山 寛貴
中野 OO丁目XX
生年月日
氏名
住所
大活躍した住基カード

収録用に用意してもらった衣装で蝶《ちょう》ネクタイ姿の僕を見た人が「『Got Talent』で歌うまかった子供ですか?」と言った。大観衆を前に臆《おく》せず歌ってスタンディングオベーションを浴びる子供ではない。カラオケで誰も知らない歌を歌う人がいた時は冷めずにノって揺れてあげる、大人だ。

僕の六歳の頃の写真を見た人が「先週の写真?」と言った。二十六年前だ。僕はもう大人なんだ。

得していることもある。未《いま》だにコントで学生役を不自然さなくやれる点などは得していると思う。いつまで学生コントが演じられるかはコント師の一つの大きな問題である。

僕の「若く見える」「学生役に違和感がない」「同級生に一人はいる顔」という特徴を企画で生かしてもらえたこともある。フジテレビの『新しいカギ』という番組での「学校かくれんぼ」という企画。新しいカギメンバーが校内に隠れ、全校生徒が鬼となって捜すというものである。

チョコレートプラネット長田《おさだ》さん(この企画中は隠密《おんみつ》マサルというキャ

ラだが全然浸透していない）の指示のもと、チョコプラ松尾《まつお》さん、霜降《しもふ》り明星《みようじよう》、ハナコの六人が隠れる。隠れた六人を全校生徒が捜すという大スケールの企画である。

この企画の肝は、隠れるメンバーよりも番組担当の美術チームたちの力にある。毎回、隠れる場所を美術さんたちが作ってくれるのだが、そのスキルがものすごい。本物そっくりで中に入れるピアノを作ったり、図書室の本棚を少しだけ厚くして人を隠したり、室外機、庭の切り株、柱、なんでもすごいクオリティで作ってしまう。どの場所に誰が割り振られるかもこの企画の見どころなのだが、ある回で僕に言い渡されたのは「制服を着て生徒に紛れる」作戦だった。

美術さんたちの力を借りることもできず、ただ生身で生徒たちの中に隠れる。それはどうなのだろう。学生姿に違和感がないとはいえ、毎日顔を合わせている学生の中に知らないやつがいたらさすがに違和感はないだろうか。異物が混入してることを気配で察せられないだろうか。一瞬で終わってしまうことはできないプレッシャーに不安になりながらかくれんぼはスタート。千人ほどの生徒が校内中を走り回る中に制服姿で飛び込んだ。

全然バレなかった。僕の周りをたくさんの生徒が行き交っている。「粗《そ》品《しな》会いたい！」「岡部どこー！」「菊田ー‼」など企画を楽しんでくれている。「秋山見つけたいんだけど」という声も聞けて隣で安心したりしていた。

スタートから数分が経った頃、せいやが図書室で見つかったと校内放送があった。そうなると大半の生徒はせいやを一目見ようと図書室へ集まる。僕も向かった。「せいやいたって‼」「うそ！」という一行と共に図書室へ到着し、みんなと同じようにスマホを取り出し写真を撮った。見つかってしまったせいやが生徒たちをかき分けて移動する最中、「せいやー‼」と僕も呼んだ。振り返ったせいやと目が合った。僕がいることがバレてはいけないと振る舞ったせいやは、目ん玉だけをグッと二回り大きくしていた。後々聞くと「マジで溶け込めていた」らしい。

調子が出てきた僕は余裕で校内を移動していた。続いて岡部が見つかり、意気揚々と現場へ。先ほどと同様、岡部を取り囲む群衆の中に紛れスマホで動画を撮りながら名前を呼んだりしていた。その時右耳から聞こえた。

「秋山じゃね？」

ゾッとした。

「秋山だ」

調子に乗りすぎた。バレない中、活発に動きたい気持ちと、制限時間いっぱいまでバレたくなかった気持ちと、それはそれで寂しいんじゃないかという気持ちと複雑だった。気づいた生徒に理由を聞くと、「老けていた」だった。

僕は童顔なのではなく「小さいせいで幼く見えるだけのおじさん」なのかもしれない。

笑って欲しくてネタを書く

今日は北海道でライブ。ワタナベの芸人五組で行うライブ。みんなで新千歳《しんちとせ》空港からバスに乗り、会場である札幌《さっぽろ》市の道新《どうしん》ホールへ向かう。所要時間約一時間。この間になんとか新ネタ作りを進めたい。

スマホのメモを開く。メモのタイトルが並んでいる。

やることリスト、ネタ8、収録ネタリスト、ハナコ「〇〇」ネタパレ、菊田……。

その中から「ネタ8」を開く。ここには主にネタに使えそうな設定などを書き留めている。ある程度内容が多くなると見にくくなるため、数字を振って新しいメモを作っている、八個目のネタメモだ。

シンバル奏者のドキュメンタリー
アカウントを分けてる人
うるさすぎる居酒屋
飲み込んでないのに飲食店から出てくるおじいちゃん
スペインの飲食店、美味しいと床にゴミ捨てるらしい

ガタガタ揺れる机
ボロボロこぼしながら食べるクロワッサン
喫煙を応援「がんばれがんばれタバコ！」
にんにくが好きなだけのジョブチューンの審査員達
「今やろうと思ってたのに！」
乾燥機終わりの服の山で暖をとる……

このように箇条書きで続いていく。意味がわからない羅列を見せて申し訳ない。設定、見かけたこと、情報、言いたいセリフ、様々なメモが並ぶ。とにかく何でもメモするように心がけている。家族と出かけている時でも、ドラマを見ている時でも。よくメモをするし、してしまう。だがほとんどはネタには使えない。それでも何がいつネタになるかはわからないし、書き留め忘れて後悔したこともある。芸歴を重ねるごとにメモする頻度も増えている気がする。
情景だけをメモしていたこともあった。商店街を歩いていた時、大手チェーンではない商店街ならではの靴屋さんの棚がすっからかんなのが目に入った。いつもびっしり靴が並んでいるはずのそこには点々と十足ほどの靴があるだけだった。妙に切ない気持ちになった僕は、これを何かにしたいとメモした。どう扱えるかわからぬも残したこのメモから生まれたのが、ハナコ単独公演『タロウ5』で披露した「終わる靴屋」というコントだ。このコントはメモに残した情景を再現したシーンから始まる。天気は雨。店の横には「六十九年間ありがとうございました」と赤い看板が立てかけてあり……。このコントは『タロウ5』のDVDで見られるので、ぜひいつか見ていただきたい。情景だけのメモからコントを作れたのはこれが初めてだった。

メモを見返すが新ネタ作りは進まない。進まないときゃ、まー進まない。よくあることである。一旦《いったん》やめてザ・マミィの単独ライブの配信を見たい。やさしいズたちが出ている『変な日』もTVerで見たいのに見られないでいる。ああ、あの宿題もある……。そうこうしているうちにバスは会場に着く。

リハーサルが終わり、本番までの時間もメモを見る。「ネタ7」や「ネタ6」以外のメモも開いてみたりする。「?」というタイトルの雑多なことや日記感覚の内容を残すメモもある。
ある日の楽屋でのパーパーあいなぷぅとの会話が書いてあったり。

あいなぷぅ「トリオのネタってどう書いてますか?」
僕「コンビのネタ書くみたいに書いてる」
あいなぷぅ「話になんない」

ある日の家族三人での花見の時のことが書いてあったり。
　花見ですれ違った女性の声。「見てかわいい赤ちゃん〜。え、かわいい赤ちゃん……!」うちの子見てほんとにかわいかった時のリアクションしてた。

ある日聞いた空気階段《くうきかいだん》もぐらの靴についての話が書いてあったり。

もぐらはかたまりの結婚式にダンロップのスニーカーを履いて行ったらしい。以前他の方の結婚式の時は穴の空いた革靴で、中の白い靴下が見えてしまっていたためそこを黒マジックで塗っていた、その時よりはマシだろと。あと「黒のダンロップですから」と黒で乗り切ろうとしてた。

メモを見返すのは楽しいが、新ネタは進まず気が重くなる。そうこうしているうちに開演。みんなのネタを見たり、楽屋でファイヤーサンダーが喧嘩《けんか》しているのを見たり、自分たちのコントで笑ってもらったりで元気が出てくる。

一部の公演が終わり、二部の公演までの空き時間。近くへラーメンを食べに行ったり、少しでも観光をとそれぞれ出て行ってしまったりで、人が少なくなった楽屋でiＰａｄに向かう。新ネタ作り再開。

メモ見てただほほえんでる時間

『新しいカギ』収録合間のせいや。お弁当の蓋《ふた》に「豚」「魚」など中身をマジックで書いてくれてるやつを見る時、雑誌見るみたいに弁当傾けて見てた。それ見た松尾さん「斜めにすんな！　汁出るぞ！」

息子がちっちゃいクッパのフィギュアを踏んで泣いてた。クッパは痛いね。

『有吉《ありよし》の壁』を見た感想を喋《しゃべ》ってくれてた時のおばあちゃん「おもしろいなぁ思うたけどペケじゃった」

いかん。気づけばまた「?」と題されたメモを見返していた。開いたiPadに触らずただニコニコとスマホを見つめている小柄な男と化していた。これではダメだ。頑張れ。他の仕事もある。やりたいことや見たいものもある。お絵描きしてインスタだって更新したい。帰れば家族との時間も欲しい。

あっという間に夜。新千歳空港。帰りの羽田《はねだ》行きの便を待っている。お察しの通り、新ネタを諦《あきら》めてはメモを見たり、エッセイを書き進めたりしていた。時刻は夜九時をすぎている。夕方ごろには新ネタもでき、その後このエッセイに取り掛かり素敵な文章を書き上げ、帰りのバスではみんなと和気《わき》藹々《あいあい》談笑しながら帰る。はずだった。そう簡単にはいかないものである。「ネタどうやって作ってるんですか？」いまだにこの答えにちゃんと答えられたことがない。どうやったら書けるのだろうか。難しい。でも書きたい。ネタを見て笑って欲しい。ネタ作りに悩んでいる合間に息継ぎのようにエッセイを書いてしまった。申し訳ない。ありがとう。

メモの話になったので最後に、メモ項目「菊田」の中から最近記したメモを。

ロケ中。パスタを食べる菊田。「ゾゾゾゾゾ!!!」と気持ちがいいくらいパスタを啜《すす》っていた。晴れ晴れとした育ちの悪さ。快悪。カメラが止まると八つほど年下のマネージャーが菊田に近づき「パスタは啜らない」と躾《しつけ》していた。

今後菊田がパスタを啜っていなかった場合、それは山川《やまかわ》マネージャーの功績である。

劇場のそばに住んでいた

高校卒業直前でお笑い養成所に通うことを決めた僕には住まいを探す時間がなく、ワタナベコメディスクールのパンフレットに載っていた学生寮に住むことにした。人見知り全開の僕は共同生活に苦しみ、気配を消しながら一年を過ごした。そして養成所卒業のタイミングで一人暮らしをするべく部屋を探した。いまだに引っ越しが得意ではない。引っ越しに限らず「契約」も「解約」も苦手である。

養成所の同期に紹介してもらった不動産屋に足を運ぶ。クッパ城のようなトゲトゲの外装でその建物の上空だけ紫の雲がかかっていた。記憶に自信はない。対応してくれた人は今ならきっと夢中で『ブレイキングダウン』を見ていそうなお兄さんで、萎縮《いしゆく》した僕は小柄さに磨きをかけていた。

条件を伝え、部屋の情報をいくつか見せてもらう。土地勘のなかった僕は当時ライブで訪れることが多かった中野駅のある中央線《ちゆうおうせん》沿いで探していた。内見する部屋を選びながら、出されたホットコーヒーを飲む。まだコーヒーが苦手だった十九歳の僕が初めてホットコーヒーを飲み切ったのもここだった。

内見を終え、選んだのは中野ブロードウェイを抜けてすぐの場所にある家賃四万八千円の六畳一間の物件だった。暮らしに多くを求めない僕には十分だったが、中野駅近でこの値段なため変わった部屋ではあった。ウエハース一枚分ほどしかない土足スペースと床との段差、唯一の収納スペースであるロフト（夏場灼熱《しゃくねつ》）、初めて見る蚊取り線香型のコンロ……簡素な部屋だがそれなりに気に入っていたし、何より初めての一人暮らしが楽しかった。

なかの芸能小劇場がすぐ近くにあるのも嬉《うれ》しかった。ライブで出演する際、コント道具や衣装を取りに帰るのが楽々だった。ライブを見に行くこともあった。開演十分前に思い立っても間に合うのは最高だった。
二十一、二歳のころだっただろうか。いつものようにふとライブが見たくなり、なかの芸能小劇場を検索すると、僕の大好きな2700《にせんななひゃく》さんとトップリードさんが出演するライブがあると知り、見に行ったことがある。東京アナウンス学院関連のイベントだった気がする。そのゲスト枠でお二組が出演されていたはずだ。

そこで見たトップリードさんのコントが忘れられない。新婚夫婦の朝の日常から始まるコントだった。アツアツな二人のやり取りで笑いが起こる。ドカドカとウケ、最後は和賀《わが》さん演じる夫が仕事へ出かけ、それを見送った新妻《にいづま》さん演じる奥さん（新妻役の新妻さんになってしまうが気にしないで欲しい）が「幸せ」とこぼして暗転する。そこで会場からは拍手が起こりかけるが舞台は再び明転。そのコントには続きがあった。

それはその夫婦がマンネリ化してきた数年後のシーンだった。新婚パートの時と変わらぬ生活のルーティンを、夫婦関係が変わったことの温度差で見せさらに笑いが起こる。ウケはどんどんと増していき、同じく夫が出かけて奥さんが一言残して暗転する。先ほど「幸せ」だったその一言は「最低」……だったような、セリフは違ったかもしれないがそのようなニュアンスの言葉だった。

まだあるかも？　という一瞬の客席の空気読みで拍手が起こらない間

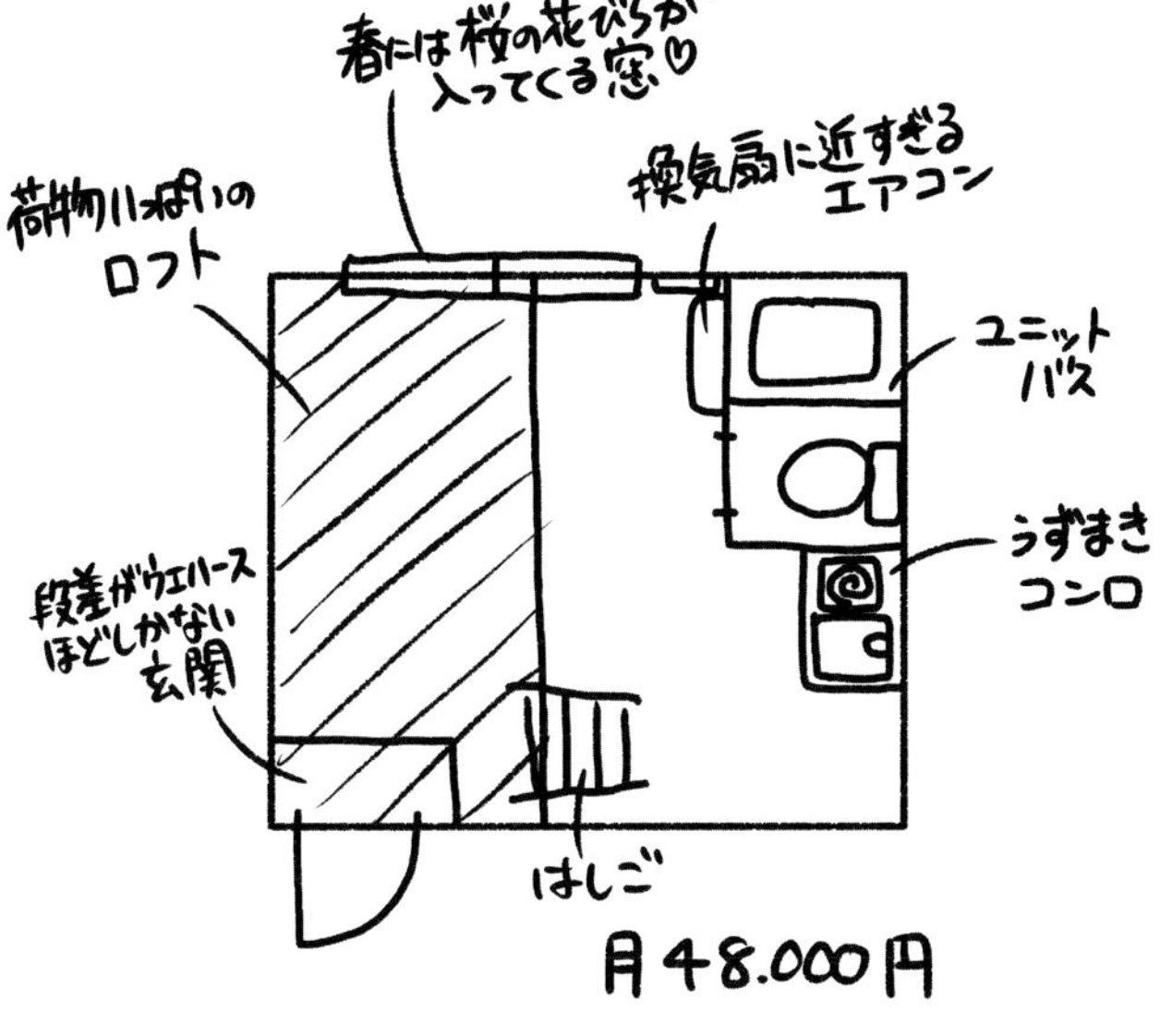
春には桜の花びらが
入ってくる窓♡
換気扇に近すぎる
エアコン
荷物いっぱいの
ロフト
ユニット
バス
うずまき
コンロ
段差がウエハース
ほどしかない
玄関
はしご
月48.000円

に、期待通り再び舞台は明転する。そこには力無く正座している奥さんの姿があった。奥さんは静かに喋《しゃべ》り出す。その話を聞いているうちに、歳をたくさんとったこと、今座っているのはおそらく仏壇の前で、あの夫は亡くなってしまったのだということがわかる。会場の空気がガラリと変わっていた。新妻さんの演技力もすごく、僕は泣いていた。コントを見ているということを忘れてしまうような空気だった。次の瞬間「まだ死んでないよ」とヨボヨボの夫が入ってきて会場は大爆笑。なんとベタな。待ちうけていたのはドベタだった。その勢いのまま笑いをとり続け、夫が出かけ、見送った奥さんの「幸せ」でコントが終わる。拍手喝《かっ》采《さい》。涙を拭《ぬぐ》いながら笑っていた。この日の出来事は僕のコントへの憧《あこが》れを加速させた。コントってこんな気持ちにもさせられるのだと。

中野の家には四年ほど住んだ。二〇一五年の初頭まで。菊田とのコンビから、岡部が加わりハナコになったばかりのころである。次の住まいは祐天寺《ゆうてんじ》に決まり、引っ越しの工程もある程度終わったころ。管理会社立ち会いの退去チェックが残っていた。荷物のほとんどなくなった部屋で「こんなに広かったっけ」と思った。その感情も退去チェックも、今後何度か繰り返すであろう体験の一度目だった。

約束の時間が来て、管理会社のスタッフがやってくる。スーツを着た三十代くらいの男性だった。手には資料とボールペン。分厚いノートパソコンが入った黒いカバンを肩にかけていた。少しバタバタとした様子のその人はカバンをドスンと部屋に置きチェックを始める。

「あれ、ここ割れてますね」

年季の入ったトイレットペーパーホルダーの片側が割れていたのを見てその人は言った。

男「これはなぜ……」

秋山「無理に力は入れてないんですが、トイレットペーパーを補充する時押し込まないといけない仕様で、その際に割れてしまったんです」

男「そうですか……割れちゃってますもんねぇ」

秋山「……はい（割れちゃってますもんね？）」

こういうのはすぐに大家に報告しとくべきだったと反省した。そのまま生活できてしまう程度の時はめんどくさがってそのままにしてしまうダメな性格だ。

男はまた別の場所を見て、

男「ん⁉　換気扇の紐《ひも》が取れてますが……」

秋山「これ換気扇の中で結んであるところが解《ほど》けちゃったみたいで。カバーが外しにくかったので（カバーが外せないほど間近にエアコンがある）戻せず紐だけ無くさないようにしてました」

男「ああ……取れちゃってますもんねぇ」

秋山「……はい」

その調子でもう二つほど「簡単に直せそうだけど直せてなくてすみません」なポイントを指摘されチェックを終えた。請求がある場合は後日連絡すると言われ、最後に鍵《かぎ》を渡してその場を去った。「少しのことでも事前に直したり連絡したりしておくべきだったのか。失敗した。いくらか請求あるかもだけど、こりゃしょうがない」と思っていた数日後。電話で言い渡されたのは「請求額十八万円」だった。「退去ってこんなにかかるもんなのか⁉」と混乱した僕は一応親にＬＩＮＥで聞いてみた。ただおかしいかどうかを聞きたかったのに、それを見た父はすぐに管理会社に直接連絡したようで、父からの返事は、

「おかしいじゃろって言うたら九万円になったで」

というものだった。怖かった。家がどんな状況だったかも知らない親からの連絡で簡単に値段が動いたことが怖かった。それ以上どうしていいかわからず九万円を支払って終わった。

その経験があったせいで祐天寺の退去チェックの日は気合いが入っていた。「おかしいことはちゃんとおかしいと言うぞ！　そっちがふっかけてくんのは知ってんだ！」ここの取りきれなかった汚れ言われそう、ここの劣化責められそう……など予想をたてしっかり身構えていた。

チェックには家を借りる時も対応してくれたおばちゃんが来た。隅々まで部屋を見るおばちゃんの後ろを、眉間《みけん》に皺《しわ》を寄せた気合いの入った僕がついて回った。

「うん！　大丈夫！　綺麗《きれい》に使ってくれてありがとう！」

その一言でチェックは終わった。予期せぬ出来事に気合いを解けず「ありがとうございました」という返事がいつもより太い声になった。

残っていた荷物を持って部屋を出た僕は、ゆっくり歩きながら「やさしっ」と呟《つぶや》いた。

特技が欲しい

芸人をやっていると特技を聞かれることがよくある。「スタジオで披露できる特技などはありますか?」この答えを持ち合わせておらずいつも苦しんできた。オーディションのアンケートにも必ずと言っていいほどある特技の欄。例として資格が書かれていたりするが、特に資格もない僕は「剣道二段」でその欄を潰《つぶ》していた。

とにかく特技がない。小学生の頃ブリッジ歩行(ブリッジの体勢で頭の向きへ進む)を披露していたのが人生で一番特技らしかったが、今の僕が披露したところで大人は沸いてくれない。映画『エクソシスト』の再流行を期待して待つしかない。

特技を作らなければという焦りからネタ帳を開いて悩んだことは何度もある。少し前に流行《はや》ったのは「五十音を振ってくれたら◯◯な言葉で返す」というもの。平野《ひらの》ノラが「バブリーな言葉で返す」をやっていたあたりからこの芸に火がついたような気がする。「ひ」と言われれば「光《ひかる》GENJIのテレカに穴開けたの誰よ!!」と返すあれだ。おもしろ素晴らしい芸だった。平野ノラは同じ養成所の半年後輩で、ライブなどで共演することも多く、ブレイク前の試行錯誤や努力を近くで見ていて刺激をたくさん受けていた。今でも様々な芸人がオリジナルの五十音芸を生んでいるが、僕の古いネタ帳にも言うまでもなく「五十音」と書かれたページがある。そこには内容について掘り下げられなかった「村上春樹《むらかみはるき》っぽい言葉」というタイトルのみがほったらかしにされていた。正直今でも五十音芸をやるのは自分に合わないこっ恥ずかしさを感じ、他の芸人達のように笑いを取れる気もしない。難しいものである。

特技といえば何か？　そりゃ楽器だ。という答えに向かった時期もあった。楽器といっても目立たなければ特技ではない。自分が取り組めそうで、且つ他の芸人が披露していないもの……僕が適任だと目星をつけたのはカホンだった。木箱のような形状で、その上に座り側面を叩《たた》く打楽器である。思い立った僕はＡｍａｚｏｎを開く。

そこで知ったカホンの当時の値段相場は二～三万円だった。……高い。当時芸歴三年目あたりの僕にとっては大金だった。初期投資とはいえ、触ったこともない楽器をいきなり買うことの恐怖。買ったもののすぐ諦《あきら》めて六畳一間の隅にホコリをかぶったカホンが残る恐怖。臆病《おくびょう》な僕がそんな尻込《しりご》みをしている時にあるものが目に入る。ミニカホン五千円。ミニもあるんかい。そうミニもあるのだ。お値段も手頃。お試しならミニ、そして自分に素質を感じたらデカカホン（ノーマル）デビューすればいいんだ！　という考えに至った僕はミニカホンを注文した。

数日後ミニカホンが無事届いた。段ボールを開けると出てきたミニカホンは英和辞書を二冊くっつけたほどのなんとも可愛らしいサイズだった。一人でニンマリ微笑んでしまっていたであろう。愛くるしいフォルムだ。早速練習を始めよう。僕はミニカホンに腰掛ける。カホンの縁がお尻に刺さる。「ん？」ミニカホンがミニすぎてお尻が四方からはみ出ていた。ミニカホンから降りる。箱や説明書を見る。子供用などの表記はなかったためこれはこういうものだと言い聞かせ、また座る。呼吸を整え、いざ、叩く。

「ポン」と鳴る。

いい感じ。自分の相棒になり得る楽器との出会いに胸が高鳴った。カホンとは叩く位置によって音色が変わる楽器である。別の位置を叩いてみる。

「ポン」

また叩く位置を変えてみる。

「ポン」

「ポン」

「ポン」

ほとんど音色の変化が感じられなかった。呆然《ぼうぜん》とした。購入前に動画などで見て憧《あこが》れていたカホンの音色とは程遠く、おかしいと思いネットで調べてみるとミニカホンの構造上仕方のないことのようだった。これでリズムを奏でるとなるとより高度なテクニックが必要になる。失敗した。これじゃお試しにならない。初期投資をケチったがための失敗。安物買いの銭失いフィーチャリングミニカホン。六畳一間の隅にミニカホンがある暮らしとなった。

その諦めから数年後。相も変わらずまた楽器が欲しいという時期が来る。その時は「ミニ」とはつかないちゃんとしたウクレレを購入した。ミニカホンの経験のおかげである。しばらくは初心者コードで楽しく弾いていたが、そのウクレレも特技の欄に書けるレベルとは程遠いまま触ることが少なくなってしまった。本当は周りに内緒で上達して「いつの間にかめっちゃ上手《うま》い」をやるつもりだったが、痺《しび》れを切らして「インスタライブで照れながら少し弾く」に留まっている。なんともこぢんまりした着地だ。このウクレレは特技どうこうではなくいつかちゃんと学びたい。

何かのオタクだったりすることが特技に繋《つな》がることもある。しかし僕にはそのような趣味もあまりなく、一番熱を持てることといえばコント関連になってしまう。これも一つの答えであると考えることもある。

あるコント番組の収録が早朝から深夜までかかったことがあった。その終わり、スタジオを去ろうとする僕にスタッフさんが「こんな長い時間申し訳ありません」と声をかけてくれた。僕は一瞬その言葉の意味が理解できなかった。理解できないほど、疲れを感じない仕事だったの

・・・・・
カホンとミニカホン

だ。長いとも思わない、むしろ明日も明後日《あさって》もこのスケジュールを繰り返したい、と思うことがコントに携わる仕事をしているとある。コントの仕事をすると疲れが取れたように感じることもあるが、これは気味悪がられる気がしてほとんど口にしたことはない。

こういったことを整理していくと僕の「特技」の答えが見えそうな気がする。しかしこれは悩みの種である「スタジオで披露できそうな特技」の解決にはならない。叶《かな》うのならば、コントが大好き且つ椅子を二十脚積み上げたてっぺんで逆立ちできる芸人でありたいものである。

やめずに立っている

スマホの待受けを替えた。画面の中心に縦書きで「ラストイヤー」という言葉のみ。

自分に向けての覚悟の表明であったが、その待受けを誰かに見られた時に心配されたり、その都度説明したりするのが面倒なことに気づきすぐに元の待受けに戻した。

今までも自分の中で「お笑い芸人としてここで結果が出なければ潮時かもしれない」と思ったことが何度かあった。

元々自信なく始めたお笑い芸人。十九歳で養成所を卒業し、事務所には所属できず、アルバイトとフリーライブの生活。大学に通っていたら就職するであろう二十二歳あたりが一度目の潮時ラインだと考えていた。

「二十二歳までに事務所に入れなかったら岡山へ帰って真面目に暮らそう」

そう思いながらオーディションライブに通い続けること二年。ワタナベエンターテインメントへ所属が決まる。二十一歳の頃だった。

所属したものの、ようやくもらえるようになったテレビのオーディションでは全く手応《てごた》えがなかった。チラッともテレビに出演できない日々が続く。その頃のテレビ局は天竺《てんじく》のように遠かった。出続けていたライブの結果も伸びなくなってきた二十三歳頃、区切り良い二十五歳が潮時ラインとして見えてくる。

「二十五歳までにテレビに出られなかったら岡山へ帰って父の仕事をついで煎餅《せんべい》でも焼こう」

そう考え出した頃「秋山と菊田のコンビに加えて欲しい」と岡部が声を掛けてくる。二〇一四年十月、僕らはハナコを結成する。ハナコを結成し、ライブの結果は伸びたものの、やはりテレビのオーディションには受かれない日々が続いた。芸歴五年にもなれば売れていない芸人でも何かしら細かな仕事でテレビに出演経験があったりする。顔がどの有名人に似ているだの、売れてる先輩の苦労人時代の再現ＶＴＲに出るだの。そういった出演すら一切なかった。「自分はテレビには無縁な人間だ」と思えてくる。そんな時に決まった初のテレビ出演が『ぐるナイ』

の「おもしろ荘」。二〇一五年九月。二十四歳だった。

　初テレビ達成以降、少しは増えるかと思ったテレビ出演は一切なく再びテレビ局は遠のいていく。「おもしろ荘」出演から一年弱。救いの手のように決まったのがNHK BSプレミアム『笑けずり』への出演だった。三週間山奥のペンションに籠《こも》って授業と新ネタ審査を繰り返すという番組で、勝ち残れば毎週テレビに出られる。結果的に我々ハナコは最終週の一つ前まで残ることができた。

　その後は少し勢いづいたか、フジテレビの『新しい波24』への出演が決まったり、『ABCお笑いグランプリ』の決勝戦へ残れたりと吉報が続いた。そんな二十五歳。順調にも思えたが、食っていくには程遠い仕事量と二十代後半に突入する焦りから次の潮時ラインの気配がし始めていた。

　そんな潮時設けたがり秋山は、二十六歳で迎えた賞レース『NHK新人お笑い大賞』でめちゃくちゃスベる。ここで焦った三人は自分たちの売りであるネタで負けていてはならぬと「この後の賞レースは全て優勝する気で準備しよう」と負けから兜《かぶと》の緒を締める。当然である。

そうして迎えた二〇一八年。出場した賞レースでは、優勝、優勝、決勝敗退、とほぼ目標通りの結果を残せていた。その次に控えていたのが『キングオブコント』。コント師の誰もが獲《と》りたいタイトルである。二年前の準決勝敗退がハナコの最高戦績だった。とにかく決勝に残りたかった。決勝に残れば一目置いてもらえる。二〇一八年八月の事務所からの給料は〇円。明細の封筒すら届かない。二十八歳？三十歳？潮時年齢がチラつく。同級生はもう立派に稼いでいた。四つ下の弟も仕事を頑張って大人らしい時計をつけていた。その不安を吹き飛ばすかのように決勝進出が決まる。

夢にみた『キングオブコント』決勝戦。もちろん優勝を目指しているのだが、決勝の舞台を見た僕はほとんど満足していた。何度も興奮しながら見ていた『キングオブコント』のセットが目の前にある。「うへぇ」と声を漏らしながら、セットを見渡した。決勝戦の出番は三番目。自分たちのネタに自信はあるが、周りが自分たちより面白い人達だらけなのもよく知っている。そうとなったら審査の勝ち負けよりも、とにかくウケて終わりたかった（準決勝の時点でも思っていた）。舞台袖《そで》、これから決勝戦でネタをできるのが嬉《うれ》しくて、背景の壁を埋め尽くしていた「C」の一つを触った。その姿は単なるコントオタクだった。色々な運や流れが味方し、結果は優勝。できすぎた結果だった。誕生日から二日後、二十七歳、人生最高の一日を更新した日だった。「お笑い芸人を、コントを、もっと続けてよし」と言ってもらった気がした。

その日からもうすぐ六年が経とうとしている。ありがたいことに色々な仕事を経験させてもらえ、テレビ局も以前よりは身近に感じることができる。まだまだ未経験の仕事は多い。学べて楽しく、より知りたくなったこともある。人生最高の一日の更新も何度もあった。

しかし今、またあの潮時ラインがよぎる。実力不足から悔しい思いもたくさんした。当然なのかもしれない。三十一歳。仕事の悔しさの内容を話すにはまだまだ若く、成果はどんどん出さねばならない年頃である。

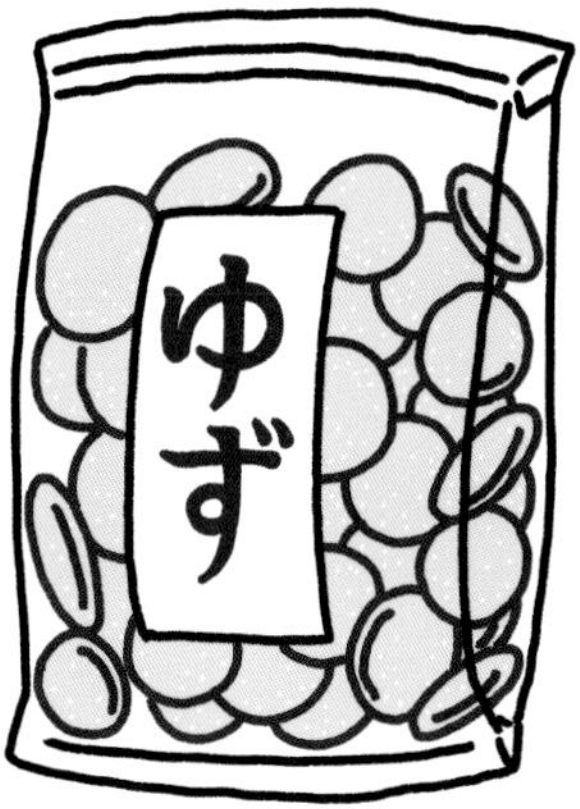

父が焼いていたせんべい

僕がこの仕事を目指したきっかけはテレビコントに魅了されたことだった。たくさん笑ったたし、たくさん救われた。

僕の中のコントオタクが言う。

「あん時みたいなワクワクするコントが見たいなぁ」

それを見せられるのは僕だろうか。それを見せられるのはテレビだろうか、それ以外の場所なのだろうか。志を広め、誰と組むか次第で決まると思っている。

ガンジーは言う。

「あなたがこの世で見たいと願う変化に、あなた自身がなりなさい」

僕は名言や格言に影響されやすいチビである。結果が出せないなら続ける資格はなく、他の人のためになる仕事をやった方が世のためである。今まで通りそう言い聞かせる自分と、今まで通りやめてたまるかと気張る自分がいた。

いらっしゃいませを振り絞る

父は土産屋を営んでいる。

岡山県岡山市にある高松最上稲荷《たかまつさいじょういなり》の参道にあるお店で、ゆずせんべいや達磨《だるま》などの縁起物を主に置いている。母もパートで家にいないため、小学生の頃の僕は、学校が休みの日、父に連れられ稲荷にいることが多かった。

家の近所と違い、稲荷には遊べるような同級生はほとんどいなかったが、周りのお店の人たちが可愛がってくれた。特に可愛がってくれたのは、隣でたい焼き屋を営んでいた叔母《おば》である。たい焼き屋のおばちゃんということで〝たいばあ〟と呼ばれていた。たいばあのもとへ行けば僕は永久に無償でたい焼きが食べられるというたい焼き界最強の優遇を受けていた。

最上稲荷が最も賑《にぎ》わう季節はお正月で、三が日には約六十万人の参拝客が訪れるほどである。

そんなお正月、稲荷はどのお店も一家総出で働いていた。うちも同様、祖父母や（祖父母の自宅が隣接している）帰省した叔母家族、みんながわる代わる店番をしていた。もちろん僕にも声がかかる。しかし、まだ大きめの学ランを着て小学校に通っていた頃の僕には難儀なことだった。シャイで緊張しい。「いらっしゃいませ」が恥ずかしかった。四歳上の従姉《いとこ》はチャキチャキ働くもんだから余計に肩身が狭い。それでも「んなことやんねーよ！」と吐き捨てるような度胸もなく、小声店番少年と化していた。

稲荷でお店を営む家は、その親族たちも大変である。他の家庭とは違い休めない正月を過ごすことになるわけで、今は亡き優しくてかっこよかったおばあちゃんも当時その過酷さに「正月だけ離婚したい」と言うほどだった。

でも僕は、この「初詣《はつもうで》を出迎える側」の正月が好きだった。

いつもはがらんとしているお店の前の参道が人で埋め尽くされる。お客さんたちの喋《しゃべ》り声や各店舗の店員さんの呼び込み。目の前の普段空き地のスペースには屋台が出ており、牛串《ぎゅうくし》やカステラ焼きの匂いが漂う……活気が充満していてみんな楽しそうだ。それを見るとこっちまで嬉《うれ》しくなる。店番は、寒かったり緊張したり僕にとって大変なものだったが、その嬉しい気持ちがあったことは忘れない。

正月の稲荷には屋台がたくさん出現することも楽しみだった。参道は緩やかで長い上り道になっており、その上り道沿いの空きスペースに点々と、そして一番下の参道入り口付近の広い空き地には数十の屋台が出る。

うちの店の前を通る人たちもすでに屋台で買ったいろいろなものを持っていた。

イカ焼き
タコ天
焼きとうもろこし
キャラクターの袋に入った綿菓子
フライドポテト
箸《はしま》巻き
スティック状のさつまいもに砂糖をまぶしたやつ

焼き栗……

それを毎年見ていると流行が見えたり、新商品に気づけたりと発見があって面白かった。そこで目星をつけたものをあとで探しに行くのが恒例だった。

店番をしだして数年がたった頃、父が土産屋の端っこの長テーブル一つ分くらいのスペースに、暖簾《のれん》をかけて屋台を作った。感化されたのか自分も屋台をやるのだという。新しいもの好きの父が始めたのは「練り物の天ぷら」だった。サービスエリアなどで見かける串に棒状の練り物が刺さっているアレである。二十年ほど前の稲荷では見かけないものだった。

その天ぷらは見事に売り上げ上々で、屋台は忙しくなった。僕も揚げ方を教わり手伝った。その屋台をやり始めて数年後、他の店で買ったであろう「練り物の天ぷら」を持った人が歩いているのを見て父は言った。

「どっかの店にパクられとるなぁ」

その時の父はとても嬉しそうな顔をしていた。

正月は店を手伝うというのは、高校を卒業し東京へ出たあとも続いた。お笑い芸人になったとはいえ、生活のほとんどはアルバイト。正月は大概バイトも休み、ライブも少ないということで帰省して店を手伝っていた。年越しのカウントダウンは店番中の店頭で迎え、その後どんどんと増える参拝客を接客する。店の奥に置かれている小さなテレビではお笑い番組が流れ続けていた。

お正月がかきいれどきなのは稲荷だけでなく芸人もだ。稲荷のお正月は大好きだが、手伝いに岡山に帰れているようではダメだった。

その数年後、幸せなことに元旦《がんたん》の生放送のネタ番組に出るため、岡山に帰れないという嬉しい年を迎えられることになる。夢の一つだった。あの時店番をしながら出たいと願った、店の奥のテレビの中の番組に出演。念願の出演を終えたフジテレビからの帰り道、想うのは稲荷のことばかりだった。みんな疲れてないかな。天ぷら売れてるかな。

三が日は無理でも岡山へ帰省する時間はあった。客足が少し落ち着いた正月の雰囲気が残る一月の稲荷を訪れる。あろうことか父は店頭にハ

いらっしゃいませ〜
手伝い初期のいらっしゃいませ

ナコのポスターをデカデカと貼っていた。ヒーターのそばに座った父が膝《ひざ》をさすりながら言った。

「手伝いに帰って来れんようになったのぉ」

とても嬉しそうな顔をしていた。が、恥ずかしかった。売れっ子になれたわけではない。まるで知る人ぞ知るかの如く貼られたポスターに羞《しゅう》恥心《ちしん》を抱きながらそそくさと店を後にした。隣に挨拶をするとたいばあがいまだにお年玉をくれようとする。たいばあからしたら、友達もおらず退屈そうにしているあの頃の僕のままなのだろうか。僕より小さくなってしまった体で、いまだに大繁盛のたい焼きやを続けている姿はすごくかっこいい。かっこいいよたいばあ。

長く愛されるお店の如く、お笑い芸人を続けられるように、帰れないお正月が続くように、頑張らなければならない。でもあの楽しそうなお客さんでいっぱいの稲荷でまた接客をしたいという想いもある。今ならあの時より通る声で「いらっしゃいませ」が言える。そのくらいは舞台に立っている。

ご期待下さいと言ってみる

幼いころから人前に立つのが苦手だ。

帰りの会の進行を行わなければならない日直も、国語の時間の段落ごとに読み手が交代していく音読も、親戚《しんせき》が集まったとき自分に話が振られて注目を集める瞬間も、苦手だった。

そんな性格はお笑い芸人になった今もやはり変わっていないと感じる。

「秋山はいつ見てもネタを書いている」

そういじられることがある。移動中も、大部屋楽屋でも、僕がとにかくｉＰａｄやノートに向かっている姿を見た芸人仲間たちがそう言う（実際は必ずネタを書いているわけではなく、絵を描いたり漫画を読んだりしていることもあるのだけど）。

たしかに周りに同じようにしている人はあまり見かけない。少なくとも僕がよくお会いする方々の中では、僕のようにいそいそ作業ばかりしている人間はいないように思う。その姿は「スナックのカウンターの隅で宿題をしている小学生のようだった」とビスケットブラザーズ原田《はらだ》は言う。みんなはもっと悠々と過ごしているようだ。

「ストイックだねぇ」と言われるがまったくそういうわけではない。ただただ不安なのだ。

人前に立つのは苦手だから、準備をしないと不安になる。

「あれ？　苦手なのに、準備もしないで居眠りするの？」

「あれ？　苦手なのに、準備もしないでゲームしてるの？」

「そんな調子でお客さんは満足するかな？　ね？　大丈夫？」

そういう声が聞こえてくるような気がして、やっていないと落ち着かない。その影響か、いくつもハマっていたスマホゲームも数年前から一切といっていいほどやらなくなった。その後、妻がやっていた『ロイヤルマッチ』というパズルゲームを少しやらせてもらった時も、

「ライフがいくらあっても足りない。ステージも無限に感じるほどある。こんなの一生やってられるじゃないか……」

と魅了されたが葛藤《かっとう》の末、ダウンロードを堪《こら》えた。自分のスマホでいつでもロイヤルマッチができるという状況を避けるため、〝そのアプリ

が入っている妻のｉＰａｄを借りてやるのだけＯＫ〟という五歳児に適用するようなルールを用いてなんとかしのいでいる。

多くの男性たちが夢中になる車や時計にも僕はあまり興味がない。もしかするとこのあたりにも影響しているのだろうか。

自信がないのに高価なものを身につけていたり夢中になったりするのは恥ずかしい、と考えてしまう。苦手な人前になんとか立っているような僕なんかが……と。『キングオブコント』優勝後にワタナベのミキ社長がハナコ三人にそれぞれプレゼントして下さったルイ・ヴィトンの長財布も、同じ理由で普段使いはできず、今もただリュックに入れて持ち歩いている。

お洒落《しゃれ》をするのに引け目を感じるのも、高級料理を食べて感想を言うのが恥ずかしいのも、結局原因は同じなのだろうか。同じなような、それはまた別の拗《こじ》らせのような……。

こんなにも人前が苦手苦手とわめいておいてなんでお笑い芸人なんかやっているんだ君はと思われそうですが、それは苦手だからこそ、人前で輝いている人に強烈に憧《あこが》れたからなのです。

舞台上に立ち笑いをとるあの姿。今も同業者に惚《ほ》れ惚《ぼ》れすることが多々ある。むしろファンだったころより増えている。収録中の姿も、舞台袖《そで》から見る姿も、客席から見る姿も、大好きでいまだにファンである。

現場で仕事のことを少しずつ知れていくと憧れる範囲も広がっていく。舞台でいうと演者の他に、舞台監督、演出家、照明、音響、美術などなど、様々な力の結束で成り立っていると知る度、より一層知りたくなる。『笑う犬』など食い入るように見ていたスタジオコントの世界に関しても、放送作家、カメラ、編集などなど憧れる領域が同じように広がり続けているが、話が長くなるので人前に立つ人の話に戻ろう。

人前に立つ人に憧れ、人前に立つのが苦手なりになんとかやっていたら、喜んでもらえることがある。もちろんネタをやってお客さんにウケるとそれだけで満足なのだが、改めてファンレターを送ってくれたり、SNS上に感想を残してくれたり。冷静になるとその感想だけでもう何もいらないいんじゃないかと思う。

こういう場所に記していいのかわからないのだが、一度ファンレターに「辛《つら》いことばかりでもう人生をやめようと思っていたけどハナコのコントを見て死ぬのをやめた」と書かれていたことがあった。養成所の講師の言葉を思い出す。「お笑いは必要不可欠なものではない。重要なのは衣・食・住。これがあれば生活できる。ただ、その衣食住が揃った時、次に必要になってくるのが君たちが目指している仕事だ」と。この手紙を見た時ほど誰かの役に立てたかもしれないと思ったことはない。

その他にも「元気が出た」「このコントが好き」「ハナコを見られる日を楽しみに頑張る」といったような声をもらう。あーやっていてよかったと、やってきたことに意味があったんだと、そう思える。どれももったいないほど嬉しい言葉ばかりである。

先日行われたハナコ第七回単独公演『はじめての感情』の感想にも救われた。「やっぱりコントって良い！ と思えた」「初めて生で見たコントがハナコでよかった」「なんでもっとはやく行かなかったんだろう」。僕がコントを見て魅了されたあの気持ちに近い感覚を感じてもらえてい

使う寸前だったロケットとロープ

るような気になったりして。単独公演の期間中、自分の出来の悪さに体にロケットをくくりつけて宇宙まで吹っ飛んで逃げ出したくもなったけれどやれてよかった。少し自惚《うぬぼ》れて喜んだ。単独公演はもっと喜んでもらえるものにしていきたい。いち早く。

コントをやることが増えていったのも、人前に立つのが苦手な性格だからだろうか。コントを演じていると、人前に立っているのは僕のようで僕でないようで。もちろんお客さん達に向けているのだけれど、「見せている」というよりも「覗《のぞ》き見られている」ような感覚になる時もある。

人前に立つのは苦手だけど、やっぱり僕はコントをするのが好きだ。ハナコや、芸人仲間や、芸人以外のタレントさん。誰かとコントをするのも楽しい。

「君が今知っているより、もっともっと楽しいぞ！」と教えてくれるような経験もあった。東京《とうきょう》03さん単独追加公演の稽古場で見た、03さんと放送作家のオークラさんのコントを作る様。「キングオブコントの会」

でさまぁ〜ずさんやバナナマンさんと一緒にコントをした時間や、ダウンタウンの松本《まつもと》さんのコントに出させて頂いた際に見た、松本さんとプロデューサーの小松純也《こまつじゅんや》さんの打ち合わせ。僕達に『志村《しむら》けんのだいじょうぶだぁ』のコントセットのあるスタジオを案内してくれている時の志村さんの笑顔。

嘘だったんじゃないかと思うほどの幸せな場面がいくつもある。その時の沸き立つような感動を、自分の作ったもので、別の誰かに届けたい。届けたいからこそ、僕は今日もｉＰａｄに向かう。

自信はなかなかつかないけれど、皆様、こんな僕でよければどうぞご期待下さい。

なんやかんやで四百本

人前に立つのが苦手な僕が、二〇一一年にワタナベコメディスクールを卒業してから十三年。見てくれる人たちがいたおかげでなんとか続けられた十三年。その期間に何本のコントを作ったのか。今スマホのメモに残されているハナコ結成二〇一四年からのネタを数えてみると約四百本だった。

ここで人前苦手人間がどうにかこうにか作ってきたネタたちを振り返ってみたいと思う。

トリオネタと書かれたページには箇条書きでネタタイトルが並んでいる。二〇一七年からは年ごとに分けてあったが、それ以前の時期は細かくは書かれていない。

最初に書かれているのは「ゲームセンター」。ゲームセンターに見覚えのないアーケードゲームがあり、ゲームオーバーを繰り返しながら遊び方を体で覚えていくというコント。これは菊田と僕のコンビ時代のネタを、岡部を加えたハナコバージョンに作り直したものである。

これができるのはコンビからトリオになった芸人が得なことの一つ

だ。菊田と秋山で始まったコントに、途中から岡部が現れ展開する。といった形のコントがこの時期にはいくつかある。「おじさん虫」もそのパターンだ。テレビで披露できたり、『ＡＢＣお笑いグランプリ』で決勝に行けたりと恩恵のあるネタである。

コンビ時代に光らなかったネタもこうして生きることがある。捨てたもんじゃない。

ゲームが好き、というのがハナコの共通点であることがコントからわかるほどゲームネタが多い時期でもある。「ゴリポン」もゲームセンターが舞台のオリジナルのシューティングゲームのネタ。僕がコントローラーを握り、架空のテレビゲームをプレイする設定も多い。「ＴＨＥたてこもり」や「ＴＨＥ万引きＧメン」（このあたりは内容がほとんど思い出せない）、すぐさま恋が成就してしまうときめきメモリアルみたいなゲーム「どっきゅんメモリアル」、『笑けずり』というお笑い合宿番組中にも、雷オヤジを操作するゲーム「怒りオヤジ」が生まれた。

ゲームセンターのプリクラをおばあちゃん三人組が利用するというコ

ントもあった。

ゲーム題材のネタをするのは楽しかったが、ネタ見せでは不評だったことが多い。ネタのクオリティにも問題はあっただろうが、重鎮の作家さんにそもそも「わからないなぁ」と言われがちだった。

「面白いと思ったのになー」と単純に凹《へこ》んだりもしていたが、今思えば当然のアドバイスである。相手にわからないものを見せたって喜んでもらいにくいに決まってる。それは逆に、わかる相手に見せれば深く刺さるということでもあった。

ゲームあるあるはゲーム好きに見てもらった方がもちろん良い。ネタを選んだり作ったりする時は、相手や場所を意識することはとても大切なことである。

当時は理解できなかった先生方のアドバイスも、経験を積んでいくと理解できることがたくさんある。「そもそも、アドバイスをする立場ならば経験のない若手にもわかるような伝え方をするべきではないのか」と思ってしまう自分もいるが、今は相手にせず先へ進もう。

ゲームネタの時の僕の位置

二〇一七年と区切りが書かれた下にも一行ずつコントタイトルが並んでいる。「ラーメン屋」はいかにも店長らしい風格のある店員（岡部）が実は新人店員だというわかりやすいコント。このころは持ち味もわかってきて、とくに岡部の演技力と顔力（かおぢから、と読んで欲しい）が活《い》きるネタが多いように思う。

この時期生まれた「三者面談」「休憩室」「結婚式」「食育」など、ハナコのネタをよく見てくれている方はきっと知ってくれているこのあたりのコントがその類《たぐい》だろう。

僕と岡部の双方がシチュエーションコントが好き、というのもネタを作る上で良い点だ。

コンセプトカフェの流行《はや》りから作った「家カフェ」は、実家に帰ったような気分になれる架空のコンセプトカフェのコント。そこを訪れた客（秋山）の相手をするのは店員らしくない普遍的な父（岡部）と母（菊田）のようなスタッフたちで、実家に帰ったかのような感覚になるというものだ。初めて披露した際のネタ尺は十分強くらいだったが、三十分でも一時間でも続けられそうなコントだ。永遠にだって続けられそうなシチュエーションコントをするのはとても楽しい。

「コインランドリー」も気に入っている。昔中野に住んでいた頃、利用していた最寄りのコインランドリーが狭かったことから思いついたコントである。

ある老人男性（秋山）がコインランドリーを訪れ、店の一番奥まで進み洗濯機を利用。終了までの待ち時間を入り口の椅子に座って過ごそうと振り返ると、先ほどまで空いていた通路が客で埋まっていて、規則的に動く客の間をくぐって通路を進もうと老人がトライする。という現実半分ゲーム性半分というようなコントだ。こういった不思議な世界観のコントにお客さんが見入ってくれた時はすごく嬉しい。

このコインランドリーのように、まだコントでそこまで見かけていない設定でコントが書けた時には、その時にしか味わえない喜びがある。まだ人類が手をつけたことのないものを「食べられます！　しかも美味《おい》いです!!」と発見した人の興奮と似ているのではないだろうか。

他の芸人を見ていてもこの興奮を感じることがある。

かが屋《や》を見ているとその気持ちになることが多い。大発見をする芸人は多いが、中でも「あー！　それ自分が見つけたかった！」と思うことが多いと、より唸《うな》ってしまうのだろうか。

逆にコントでよく見る設定をあえてやって、その最高点を更新しようという姿勢が見えるコントもかっこいい。

サンドウィッチマンさんの美容室のコントや、バイきんぐさんの教習所のコントなどがそれにあたるだろう。他にはどんなコントが該当するか……こんな話をお笑い好きな人とずっと話していたい自分もいるが、キリがないので首をチョップし気絶させ、先へ進もう。

二〇一八年には、タイムマシンで過去から現代へ戻る際に原始人に同乗され連れ帰ってしまう「タイムワープ」、白熱すると手が出てしまう「ディベート部」、俳優の卵をしながら働くバイトスタッフを応援する優しい大将が急遽《きゅうきょ》のシフト変更相談する時だけ顔怖い「定食屋」などが生まれている。

「アトラクション」という菊田が異常に緊張するコントもある。USJのジョーズのようなアトラクションが舞台で、アトラクションの世界観へ没入しすぎる客（岡部）がいるというコント。僕は偶然乗り合わせた普通のお客さん、菊田はアトラクションの添乗員の役だ。普段登場シーンの少ない菊田には珍しく、物語を進行していく重要な役なので彼はこの役をちゃんと嫌う。

菊田の出番が少ないキャラは年々浸透していき、最近では「監視業務」というコントを番組でやった際、セリフは一言程度なものの冒頭から終盤まで舞台上で座っていた菊田にMCの東京03飯塚《いいづか》さんが「菊田が大活躍だったね」と言っていた。役得炸裂《さくれつ》である。

「犬」のコントはこの年の春あたり、武蔵《むさし》小山《こやま》のマクドナルドで岡部から説明されたことを覚えている。岡部の口から聞いて、少し話し合ったらもうほぼほぼ完成に近かった。その後多大な恩恵をウケるネタだが、この時は「面白そう！　早くやりたい！」と僕は呑気《のんき》だったような気がする。

同じく『キングオブコント』で披露した「つかまえて」も生まれるきっかけはこの武蔵小山のマクドナルドにある。

これは他でもよく喋《しゃべ》っている話だが、同期芸人のキサラギの富樫《とがし》という男と、岡部と僕の三人でお互いのネタ作りの相談をこのマクドナルドでしていた時。富樫がキサラギでやろうとしているネタの案として、「つかまえて」の原案となるアイディアの話をした。それを聞いた岡部が、トリオコントとしていろいろとアイディアが浮かんでしまい、ハナコでやりたくなり、その旨を富樫に後日伝えたところ、そういうことならと譲ってくれて「つかまえて」は生まれた。富樫無くしてキングオブコント優勝はありえないのである。ありがとがし（富樫の持ちギャグ。彼はすでに芸人を引退しており、このギャグが原因だったのではないかと言われている。君の分まで僕はコントをするよ富樫啓郎《ひろお》。下の名前ひろお。変だ）。

二〇一九年、ネタに期待されるプレッシャーを感じていたころ。ハナコの武器はコントだと思われたくて、優勝後に呼んでもらえるネタ番組では極力テレビで見せていない新しいネタをやろうと意識していた。大変だったが、譲ってはならないところだった。

その時期に『ネタパレ』などでよく見て下さっていた陣内智則《じんないとものり》さんが「ハナコは見るたび違うネタをやってる」とテレビでたくさん言って下さり大変ありがたかったことを忘れない。先輩の優しさと心遣いが沁《し》みた。

ミキの昴生《こうせい》さんもよくネタを見て下さっていて、ネタ番組で共演した際たまたまテレビで見たことのあるネタをやる日で「一緒のネタやってるやん!!」とクレーム気味に言われたことがある。それはネタが多い印象が無事ついてきている証拠だったので、怒鳴られたにもかかわらず僕は笑顔になってしまった。

新元号の発表があったのもこの頃で、当時全国民が新元号に関心をもっていた。ニュースでは連日、菅《すが》官房長官が「令和」を掲げ無数のシャッターを浴びている映像が度々流れていた。それを見た当時付き合っていた奥さんが「笑顔を堪えてそうでかわいいね」と言った。その言葉をきっかけに、新元号発表を任された喜びが素直に出てしまう「新元号発表」というコントを作った。「令和」を掲げたいおじさん三人が会見ではしゃぎ回るとても楽しいコントだった。

多くの人の思い出に残る場面が題材のコントを作れた時はとても嬉しい。しかし、お気に入りのコントなのにそれ以降披露するタイミングがないのが少し寂しくもある。時事ネタ特有の悩みを感じられた気がした。

二〇二〇年にはYouTubeで映像コントを更新し始めた。この活動はやっていて本当によかったと思う。予期せぬコロナが訪れ、ライブやネタ番組などコントをする場がぐっと減った時期、YouTubeというコントを更新し続けられる場所があったことにとても救われたからだ。

この年は、週二回更新のYouTube、テレビ朝日でユニットコント番組を数回やらせてもらえたりが合わさり、一年で作ったコントの本数は九十七本だった（二〇一九年は二十四本）。

大変な状況の中、コントが続けられたりたくさん見てもらえたりしたことは大変嬉しいが、個人的にユニットコント番組という仕事には特別な嬉しさがある。

テレビ朝日で『東京BABYBOYS9』『お助け！コントットット』というふた番組のユニットコント番組をやらせてもらった。

ふた番組ともゾフィー、かが屋、ザ・マミィ、ハナコの四組がゲストを交じえながらコントを披露していく番組だ（偶然同時期に似た番組が始まった奇妙なケースだった。すごく変なこと。でもとても嬉しかった）。

コント番組のネタ台本は作家チームが作成することがほとんどだが、このふた番組は各コンビのネタ書き担当たちで台本を作成していたのも特徴だった。

尊敬する先輩後輩コント師とネタを作る時間は学びに溢《あふ》れていて、そして仲間として頼もしく、ここで披露するネタのレベルを上げることだけに生きる全ての時間を尽くしたいとさえ思えるような現場だった。

今回名前を出したハナコのコントのほとんどはＤＶＤやYouTubeなどで見られるが、このふた番組のコントは今見る術《すべ》がないというのが残念でならない。関東ローカルの深夜放送だけでは感想が聞き足りない。そのくらい見て欲しいものが作れていた（こりゃ失敗だ反省だというものも紛れている。自信と伸び代のどちらもがあってよろしいとして頂きたい）。

「イヤホン」「酒井整備士物語」「あだ名はブラック」「ゆでたまご」「野球詳しくないおじさん」「法事の間違い電話」「爆破脱出マジック」……担当したコントには思い入れが強い。どこかでまた見てもらえることを期待している。

どんなコントかをつらつらここで説明してしまえばいいんじゃない？という自分もいるが、野暮なのでそいつのiPadは取り上げフリスビーのように遠くへ飛ばし取りに行かせてる間に先へ進もう。

二〇二一年～二〇二四年。やらせてもらえるコントが多様化してきている。このあたりの時期からメモの中身のコントタイトルもカテゴリー分けするようになっている。

舞台コント、映像コント、スタジオセットのあるコント、ユニットコント、ラジオコント。あっちのコツを掴んだと思ったら、こっちがヘタになる。という難しさを感じている。

できることが増えると楽しさも増すが難しさも増す。憧《あこが》れは強いが、本当に自分が価値あるものを作れるのか、理想に近いものが作れるのか……不安にかられる自分もいる。

そんな自分には、隣に立って肩をかし「きっと大丈夫」と支えながら先へ進もう。

とキザに終わろうとしている自分を、背負い投げで硬い岩場に叩《たた》きつける。

秋山寛貴（あきやま　ひろき）
1991年岡山県生まれ。ワタナベエンターテインメント所属。2014年、同じくワタナベコメディスクールの12期生だった岡部大、菊田竜大とともにお笑いトリオ・ハナコを結成。「キングオブコント2018」で優勝。「ワタナベお笑いNo.1決定戦2018/2019」２年連続優勝。NHKドラマ「ラフな生活のススメ」脚本執筆など文筆業に幅を広げるほか、文化放送「ハナコ秋山寛貴のレコメン！」パーソナリティを務める。

人前《ひとまえ》に立《た》つのは苦手《にがて》だけど

2024年７月３日　初版発行

著者／秋山寛貴《あきやまひろき》

発行者／山下直久

発行／株式会社KADOKAWA
〒102-8177　東京都千代田区富士見2-13-3
電話　0570-002-301（ナビダイヤル）

印刷所／大日本印刷株式会社

製本所／本間製本株式会社

ISBN 978-4-04-113398-9　C0095

初出　「小説 野性時代」2022年12月号〜2023年11月号　単行本化にあたり、加筆修正を行いました。